Inhalt

Energiesparen - Rebound-Effekt kommt langsam ins Bewusstsein

Kernthesen

Beitrag

Fallbeispiele

Weiterführende Literatur

Impressum

Energiesparen - Rebound-Effekt kommt langsam ins Bewusstsein

Manuel Berkel

Kernthesen

- Energieeinsparungen durch effiziente Technologien werden durch höhere Verbräuche teilweise zunichte gemacht.
- Dieser Rebound-Effekt lässt sich bei Strom, Treibstoff und Raumwärme nachweisen.
- Die Politik beachtet den Rebound-Effekt in der Klima- und Energiepolitik noch zu wenig.
- Als Gegenmaßnahme schlagen Wissenschaftler höhere Verbrauchssteuern auf Energie oder Preissteigerungen vor.

- Wenn Unternehmen langfristige Prognosen und Zielvorgaben zur Ressourceneffizienz machen, haben sie eventuelle Rebound-Effekte in der Regel nicht auf der Rechnung.
- Eine ganzheitliche Nachhaltigkeitsstrategie könnte hier weiterhelfen.

Beitrag

Energieeffizienz steigt zu langsam

Die Erhöhung der Energieeffizienz soll eigentlich das wichtigste Mittel zur Erreichung der Energiesparziele sein. Steigt die Effizienz, kann die gleiche Wertschöpfung mit einem geringeren Energieeinsatz erzielt werden. Tatsächlich ist die Energieeffizienz laut AG Energiebilanzen seit 1990 um durchschnittlich 1,95 Prozent pro Jahr gestiegen. Um das Energiesparziel für 2020 zu erreichen, müsste die Energieeffizienz allerdings noch stärker wachsen. Dass sie nicht ausreichend hoch ausfällt, liegt teilweise am Rebound-Effekt. Unterschieden wird zwischen direkten und indirekten Folgen des Energiesparens. Der direkte Rebound-Effekt entsteht, wenn Verbraucher ein neues, effizientes Gerät häufiger nutzen als ein altes, weniger sparsames. Ein Beispiel ist die Beleuchtung. Eine Studie des US-

Energieministeriums hat herausgefunden, dass die Menschen seit rund 300 Jahren konstant 6,5 Prozent ihres Energieverbrauchs für Licht verwenden. Ineffiziente Leuchtmittel wie Kerzen oder Öllampen wurden zwar durch Glühbirnen ersetzt, die Menschen machten anschließend aber mehr Gebrauch von Beleuchtung. Die Folge ist also eine "Reinvestition" des Effizienzgewinns in Mehrkonsum der Ressource. Am Ende ist der Energieverbrauch derselbe wie am Anfang. Ist er sogar höher, spricht man vom Backfire-Effekt. (2), (9)

Ressourceneffizienz befeuert Wachstum

Der indirekte Rebound-Effekt entsteht meist durch das Kapital, das man durch effiziente Technik spart. Die Effizienz der einzelnen Geräte hat zwar zugenommen, aber inzwischen verfügt man in der Regel über eine Vielzahl neuer, zusätzlicher Geräte. Kauft sich jemand zum Beispiel ein sparsames Auto, hat er mehr Geld, um sich andere Güter zu kaufen, für deren Herstellung und oftmals auch Anwendung wiederum Energie benötigt wird. Einen Rebound-Effekt können zudem Technologien auslösen, die zwar keine Energie sparen, aber beispielsweise Schadstoffemissionen verringern. So soll die Pflicht zum Einbau von Katalysatoren einen Rebound-Effekt ausgelöst haben. Die Umweltentlastung durch die Filterung von Stickoxiden oder Kohlenmonoxid aus den Abgasen von Pkw bewirkte demnach bei einigen Fahrern das Gefühl, mit ihrem Wagen mehr fahren zu können. Der positive Effekt für die Umwelt wurde teilweise wieder zunichte gemacht. (3), (8)

Mehr Aufmerksamkeit für Rebound wird gefordert

Rebound-Effekte sind viel relevanter als bisher in der allgemeinen Umweltdebatte angenommen. Zu diesem Schluss kommt auch ein Bericht der Enquete-Kommission "Wachstum, Wohlstand, Lebensqualität" des Deutschen Bundestages, in der Abgeordnete aller Parteien vertreten sind. Bisher berücksichtigt die Bundesregierung den Rebound-Effekt in ihrer Klima- und Energiepolitik nicht. Maßnahmen zur Verhinderung des Rebound-Effekts fehlen bei den Zielen zur CO2-Reduktion, zur Steigerung der Energieproduktivität und bei Subventionen für emissionsarme Fahrzeuge. In der Nachhaltigkeitsstrategie aus dem Jahr 2002 postuliert die Bundesregierung lediglich, Effizienzgewinne dürften "nicht durch wachsende Produktion, zunehmenden Verkehr und mehr Konsum aufgezehrt werden". (2), (5), (7)

Rebound-Effekt liegt durchschnittlich bei 50 Prozent

Für viele Unternehmen in Deutschland sind ein effizienter Ressourceneinsatz und eine Reduzierung des Energieverbrauchs inzwischen wichtige Erfolgsfaktoren, doch fehlt meist eine ganzheitliche Nachhaltigkeitsstrategie. Selbst wenn Unternehmen langfristige Prognosen und Zielvorgaben zur Ressourceneffizienz machen, haben sie eventuelle Rebound-Effekte in der Regel überhaupt nicht auf der Rechnung. Was zur Folge haben kann, dass diese die Sparpotenziale unter Umständen teilweise oder ganz wieder auffressen. Die Höhe des Rebound-Effektes kann je nach Technologie erheblich schwanken. Durchschnittlich würden nach Einschätzung der Nicht-Regierungsorganisation Germanwatch rund fünfzig Prozent der Einsparungen langfristig wieder aufgefressen. Das Rheinisch-Westfälische Institut für Wirtschaftsforschung (RWI) in Essen sieht den Rebound-Effekt durchschnittlich sogar bei sechzig Prozent. Einzelne Anwendungen haben sogar einen Backfire-Effekt von bis zu 300 Prozent zur Folge. Die Einsparung hätte demnach einen dreimal so hohen Verbrauch ausgelöst. Ressourceneffizienz allein reicht daher nicht aus. Eine erfolgreiche Nachhaltigkeitsstrategie unter Berücksichtigung von Rebound-Effekten ist für viele Unternehmen langfristig ein wesentlicher Wettbewerbsfaktor. Nachhaltigkeit in Organisation und Prozesse richtig zu integrieren, setzt aber voraus, dass das Thema zur Chefsache wird und dass es als Querschnittsmaterie betrachtet wird, in die potentielle Rebounds bewusst einkalkuliert werden. (6), (8), (10)

Trends

Im Auftrag des Bundesforschungsministeriums erkunden Wissenschaftler derzeit die psychologischen und wirtschaftlichen Ursachen für den Rebound-Effekt. Für die Studie werden 6 000 Menschen befragt, deren Immobilie saniert wurde oder die sich ein effizienteres Auto oder ein sparsameres Haushaltsgerät gekauft haben. Gefragt wird auch nach der Verwendung der althergebrachten Glühbirnen und den durch die EU inzwischen vorgeschriebenen Energiesparlampen. Die Ergebnisse der Studie sollen 2013 vorliegen. Schon im November dieses Jahres will die Enquete-Kommission des Bundestages allerdings erste Handlungsempfehlungen abgeben. (2),(7)

Fallbeispiele

In Großbritannien hat der Rebound-Effekt bereits

Eingang in die Politik gefunden. Strom- und Gasversorger müssen im Vereinigten Königreich müssen seit 2008 ihren CO2-Ausstoß je nach Marktanteil reduzieren, beispielsweise indem sie Gebäudesanierungen unterstützen. Um den Rebound-Effekt zu berücksichtigen, werden von den rechnerischen Einsparungen allerdings 15 Prozent abgezogen und die Effizienz-Vorgaben für die Versorger entsprechend um 15 Prozent erhöht. (2)

Am häufigsten werden in der wissenschaftlichen Diskussion als Gegenmittel Preissteigerungen genannt. Diese könnten zum einen durch knapper werdende Ressourcen erreicht werden oder aktiv durch höhere Verbrauchssteuern. Der ehemalige Bundestagsabgeordnete Ulrich von Weizsäcker fordert beispielsweise, dass die Steuern auf den Energieverbrauch genauso schnell steigen müssten, wie die Effizienz zunimmt. Wird beispielsweise ein Automotor um zwei Prozent sparsamer, müsste die Energiesteuer auf Benzin ebenfalls um zwei Prozent steigen. (1)

"Im Gegensatz zu Effizienzstandards konfrontieren Steuern die Autofahrer unmittelbar mit den Kosten für individuelle Mobilität und Fahrweise", sagt auch der Wissenschaftler Manuel Frondel vom RWI. Um dem Rebound-Faktor bei der Beleuchtung auszugleichen, müsste der Energiepreis um mindestens zwölf Prozent steigen, haben die Physiker

Harry Saunders und Jeff Tsao errechnet. (2),(8)

Die Bundesregierung setzt vorerst noch auf bessere Information der Verbraucher. Maßnahmen zur Steigerung der Ressourceneffizienz müssten begleitet werden durch einen Bewusstseinswandel, der Wohlstand nicht mit einem quantitativen Wachstum im Sinne eines mehr Haben gleichsetze, sondern nach der besseren Befriedigung von menschlichen Bedürfnissen frage , also ein qualitatives Wachstum in den Vordergrund rücke. Hierfür müssen den Verbrauchern geeignete Informationen zur Verfügung stehen, heißt es im Deutschen Ressourceneffizienzprogramm vom März 2012. (4)

Das Ressourceneffizienzprogramm der Bundesregierung nennt als weitere Geschäftsmodelle für einen sparsameren Lebensstil Tauschbörsen, Car-Sharing und das Beispiel eines Reifenherstellers, der Reifenlaufleistung als Alternative zum Reifenkauf anbietet. (4)

Ein Bewusstsein für das Thema Energieeffizienz könnten nach Meinung von Germanwatch-Experte Santarius intelligente Stromzähler schaffen. Der direkte Rebound-Effekt ist damit nachvollziehbar", sagt der Wissenschaftler. Bei einem Feldtest von E.on in Bayern mit 10 000 sogenannten Smart Metern haben die besseren Informationen bei einem Drittel der Teilnehmer zu einer Veränderung des Verbrauchsverhaltens geführt. Der Spareffekt war bei einem anderen Versuch des Verbands Norddeutscher Wohnungsunternehmen allerdings eher gering. Im Idealfall hatten die Smart Meter Einsparungen von vier bis neun Prozent ausgelöst. (6)

Laut der Studie "Green Business. IT als Innovationstreiber für Nachhaltigkeit", die der IT-Branchenverband Bitkom in Zusammenarbeit mit der Beratungsfirma Bearingpoint erstellt hat, will die Hälfte der beteiligten Firmen angesichts der hohen Rohstoff- und Energiepreise in den nächsten drei Jahren in Green-Business-Maßnahmen investieren und mit Hilfe IT-gestützter Basis- und Querschnitts-Technologien ressourcenschonende Verfahren umsetzen. Allerdings haben fast vierzig Prozent der Firmen Schwierigkeiten bei der Umsetzung, weil es keine übergreifende Gesamtstrategie gibt. Die IT soll hier als "Katalysator für Nachhaltigkeit" dienen, gleichzeitig besteht aber die Gefahr, dass es durch den erforderlichen Ausbau der IT-Infrastrukturen zu einem Rebound-Effekt kommt und dass die verstärkte IT-Nutzung mögliche Einsparungen bei Energie und Ressourcen wieder auffressen könnte. Staatliche Förderprogramme für die Umsetzung von IT-Nachhaltigkeitsprojekten bieten den Unternehmen hier Unterstützung. (10)

Weiterführende Literatur

(1) Klimaschutz mit Rendite
aus "Bestseller" Nr. 11-12/11 vom 05.12.2011 Seite: 64

(2) Die Effizienzillusion Energiebedarf. Sparsame Technologien gelten als Allheilmittel gegen den Klimawandel. Doch die Politik hat die Rechnung ohne den Menschen gemacht. Der verbraucht mit gutem Gewissen noch mehr als zuvor
aus Capital vom 01.06.2011, Seite 128-129

(3) Den Spieß, nicht den Spießer umdrehen: Mitmach-Kampagnen statt isolierte Verhaltensappelle – Praxisbeispiel der urwaldfreundlich-Kampagne
aus Umweltpsychologie, Heft 1, 2011, 71-89

(4) Programm zur nachhaltigen Nutzung und zum Schutz der natürlichen Ressourcen (Deutsches Ressourceneffizienzprogramm)
aus Polit-X vom 16.03.2012

(5) Berichtsentwurf Wachstum, Ressourcenverbrauch und technischerFortschritt - Möglichkeiten und Grenzen der Entkopplung von 24.9.2012
aus Polit-X vom 16.03.2012

(6) Wie gewonnen, so zerronnen
aus Hamburger Abendblatt, 22.09.2012, Nr. 223, S. 62

(7) Abgeordnete warnen vor grüner Wachstumsfalle
aus Hamburger Abendblatt, 22.09.2012, Nr. 223, S. 62

(8) Der geplatzte Traum vom Energiesparen
aus Welt online vom 27.08.2012

(9) Energieverbrauch in Deutschland im Jahr 2011 von Februar 2012
aus Welt online vom 27.08.2012

(10) Ad hoc statt Green-IT-Strategie
aus CIO - IT-Strategie für Manager, Meldung vom 23.03.2012

Impressum

Energiesparen - Rebound-Effekt kommt langsam ins Bewusstsein

Bibliografische Information der deutschen Nationalbibliothek

Die Deutsche Nationalbibliothek verzeichnet diese Publikation in der deutschen Nationalbibliografie; detaillierte bibliografische Daten sind im Internet über http://dnb.d-nb.de abrufbar.

ISBN: 978-3-7379-1536-6

© 2015 GBI-Genios Deutsche Wirtschaftsdatenbank GmbH, Freischützstraße 96, 81927 München, www.genios.de

Alle Rechte vorbehalten. Dieses Werk ist einschließlich aller seiner Teile – z.B. Texte, Tabellen und Grafiken - urheberrechtlich geschützt. Jede Verwertung außerhalb der Grenzen des Urheberrechtsgesetzes bedarf der vorherigen Zustimmung des Verlags. Dies gilt insbesondere auch für auszugsweise Nachdrucke, fotomechanische Vervielfältigungen (Fotokopie/Mikroskopie), Übersetzungen, Auswertungen durch Datenbanken oder ähnliche Einrichtungen und die Einspeicherung und Verarbeitung in elektronischen Systemen.